RIMES INÉDITES

EN

PATOIS PERCHERON

RECUEILLIES ET PUBLIÉES

PAR

ACH. GENTY

(Traduction française à la suite)

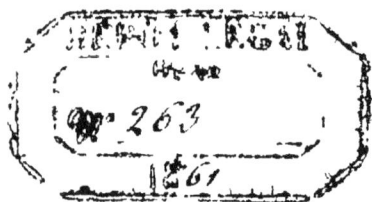

PARIS

POULET-MALASSIS ET DE BROISE

LIBRAIRES-ÉDITEURS

97. rue Richelieu et passage Mirès. 36.

—

1864

Tous droits réservés.

RIMES INÉDITES

EN

PATOIS PERCHERON

Alençon — Poulet-Malassis et De Broise.

RIMES INÉDITES

EN

PATOIS PERCHERON

RECUEILLIES ET PUBLIÉES

PAR

ACH. GENTY

(Traduction française à la suite)

PARIS

POULET-MALASSIS ET DE BROISE

LIBRAIRES-ÉDITEURS

97, rue Richelieu et passage Mirès, 36.

1861

Tous droits réservés.

TIRÉ A 350 EXEMPLAIRES :

150 sur raisin.

145 sur vergé.

50 sur vélin.

5 sur chine.

INTRODUCTION

—

L'idiome percheron, dans lequel on n'a vu jusqu'ici qu'un infime rameau de l'idiome normand (G. Fallot, E. Duméril, etc.), est, de tous nos idiomes provinciaux, celui qui rappelle le moins imparfaitement notre langue primitive, la belle langue française des

xiiie et xive siècles. Les preuves abondent à l'appui
de cette assertion. En voici quelques-unes :

FRANÇAIS PRIMITIF.	PERCHERON.	FRANÇAIS MODERNE.
Nocent.	Nocent.	Innocent.
Noncer.	Noncer.	Annoncer.
Mainquégne (qu'il).	Mainquégne (qu'y).	Maintienne (qu'il).
Sacréfier.	Sacréfier.	Sacrifier.
Descirer.	Diçirer.	Déchirer.
Fas (je).	Fas (je) et j'fomm's.	Fais (je).
Venimes (nous).	Venimes (je).	Vinmes (nous).
Vesquit (il).	Véequit (y).	Vécut (il).
Garmenter (se).	Guermenter (se).	Méler (se).
Destourber.	Détourber.	Empêcher.
Cayment (s. m.)	Quemander (v.)	Mendier.
Aumaire.	Aumaire et Aumoire.	Armoire.
Haitter (verb.)	Haité (adj.)	Joyeux.
Formy (masc.)	Formi (masc.)	Fourmi (fém.)
Agu.	Agu.	Aigu.
Apuiail.	Apuya.	Appui.
Arter.	Arter et Erêter.	Arrêter.
Allisson (que nous).	Allissom (que j').	Allassions (que nous).
Abécher.	Abécher.	Abéquer.

Dans le Perche, *On* s'écrit encore et se prononce
En ou *An*. Rutebeuf, xiiie siècle, *Miracle de Théophile,*

a dit : « Il ne vaut rien, qui l'*en* ne doute. » Et Joinville : « Par ces choses desus dites, *en* pourra veoir... »

L'expression *Allous*, abréviation de *Allez-vous*, se
retrouve dans *la Résurrection du Sauveur*, mystère du
XIIe siècle ou du XIIIe siècle : « U en *ale-us*(prononcer :
alous) si grant alure. » — *Avous*, pour *Avez-vous :*
« Dont l'*a vous* gaigné, n'à quel ieu ? »

En percheron, *Bellement* signifie encore *Doucement.*
— On lit dans *les Miracles de Sainte-Geneviève*, XVe siècle : « Cy voisent *bellement.* »

Les expressions *Li* ou *Ly* (lui), *Lai* (elle), et *Mai*
(moi), qui reviennent à chaque instant dans les con-
versations percheronnes, ont appartenu au français
primitif : « Me pria que ie *li* feisse 1 liure des saintes
paroles... » (JOINVILLE, XIIe-XIVe siècle.)

> Car bien sai, s'onques *le* connui,
> Que s'ell vous i sauoit hui,
> Que demain iroit sans respit. »
>
> (ADAM DE LA HALLE, *Li Ius Adam*, XIIIe siècle.)

Or, *le* voi crasse, mautaillie.

(*Id.*)

Amés *me* aussi de cueur vrai.

(J. DE LESCUREL, XIVᵉ siècle.)

Au xᵉ siècle, *Jour* se prononçait et s'écrivait *Jor :*

Escotet le par bone entention,

Qui a ce *ior* recu la passion.

(*Epistre farcie de saint Estienne,* dans A. JUBINAL.)

Dans le Perche, on dit plus souvent *jou* que *jor;* mais cependant *jor* se dit encore : « Ou *jor* d'oujordy, faout pâ s'fiai n-à gran monne; » Au jour d'aujour-d'huy, il ne faut pas se fier à grand monde.

Le mot *Asteure,* que cette pensée de Montaigne (xvıᵉ siècle) suffirait à illustrer : « Moy *asteure,* et moy tantost, sommes bien deux, » (Liv. III, ch. ıx.) Ce mot est percheron :

Asteu qu'lo vl'à nu com ein p'tit Saint-Jan,

C'qu'y l-éviont sû l'cô n'vaout pâ gran n-ergen.

(Poëme de *la Gran-Rouse.*)

Calculer. — En percheron : *Carculer*. — Ancien français :

> Mais il n'y a si hault monté
> Que ie ne reforge et *carcule*.
>
> (*Vie et passion de Mgr Saint-Didier*, xvᵉ siècle.)

Le mot *Milliasse*, aujourd'hui peu employé en français, l'est très-fréquemment en percheron. On le rencontre dans les *OEconomies royales de Sully* (xviᵉ siècle), Ed. Michaud, p. 109 : « Et vous faudra passer par un *milliasse* de difficultez, fatigues, peines... » En percheron, toutefois, le mot *milliasse* prend à peu près toujours le pluriel. On procède par *milliasses* : « Mille *milliasses* de...! »

Le subjonctif *Roponne* (de répondre) se voit dans l'*Aduocacie Nostre-Dame* (xivᵉ siècle); on y trouve : *Responne*. — Le *ro* du percheron est probablement une corruption de celui-ci. Le temps corrompt tout, même les patois.

On dit en percheron : « Faout qué j'm'en ralle »,

pour : Il faut que je m'en retourne. Ancien français :

> Gardez la tant que m'en voulray
>
> *Raler* de cy...
>
> (*Mystère de Clovis*, XIVe siècle.)

« J'vindromm's ou vinromm's din la *séran* » ; Je viendrai dans la soirée. — Ancien français :

> Souuent tu luy as tins langaige
>
> De matin et de la *seirant*.
>
> (*Farce d'vng Mary ialoux*).

Philozomie se dit en percheron pour *Physionomie.* — Ancien français : « Le regnard a mauuaise *philozomie.* (*Le Liure du roy Modus et de la royne Racio.*)

Savous, pour *savez-vous.* — Ancien français :

> Esse à vous à vous en mesler?
>
> *Ça-vous* qu'il est? Laissez m'en faire.
>
> (*Farce du Nouveau Marié.*)

Sieut, pour *suit.* — Ancien français :

> Apres grant maladie *ensieut* bien grans santés.
>
> (*Li Ius Adam.*)

L'expression : *Baire à tirlarigot,* qui se trouve dans ce couplet d'une chanson percheronne :

> Quan n-an a du chégrin,
>
> (Din c'bas monn' c'ée pâ râle),
>
> Pou s'gari, z-y n'ée rin
>
> Com dé s'bourrai la fale.
>
> Ein gas, qui n'ée pâ sot,
>
> N' s'émusiont poin n-à braire ;
>
> Y coriont bai, bai, baire,
>
> > Bai, baire
>
> > A tirlarigot.

Même expression dans Rabelais (liv. II, ch. XXVII, éd. 1588 : « Et tous flaconnerent si bien que le bruit vint par tout le camp.., et ce par boire *à tirelarigot.* » — Boire *à tirlarigot,* c'est boire à tire-gosier. (*Jardin des racines grecques,* v° *larugx,* dont nous avons fait *larynx.*)

Cœu ou vinte, pour cœur au ventre. — Cette faute d'anatomie, si fréquente dans le Perche, a été adoptée par Rutebeuf (*Miracle de Théophile,* XIIIe siècle) :

> Lors me semble serpent et guiure
> Me menjue le *cuer et ventre.*

Epanir, pour *Epanouir.* — Au XVIe siècle, Remy Belleau disait *Epanir,* lui et tout le monde :

> Mesme c'est chose gracieuse
> Par dedans la ronce espineuse
> De la cueillir (la rose), et dans la main
> Luy voir *espanir* son beau sein.
>
> (BELLEAU, *Odes d'Anacréon*).

« Et de tant que la branche qui porte la violette est plus longue, de tant est la fleur plus belle, plus gente, plus *espanie* et plus sencline à terre. » (*Le Chapelet de Virginité.*)

Vas-tu béetout m'uidai l'planchai? (Vas-tu bientôt me vider le plancher, t'en aller?) — Gondebaut dit à Aurelian, dans le *Mystère de Clovis* (XIVe siècle): « *Vuide* » (va t'en).

En percheron, le *V* se prononce très-souvent comme

l'*U*. Jusqu'au xvie siècle inclusivement, le *V* s'est pro- noncé et écrit *U* (au commencement d'une phrase excepté).

C'ée ou *çà qu'ée pâ* M'N-ÉFÉRE : Ce n'est pas mon affaire. — *M'n-éfére* est une élision très-hardie qu'on retrouve dans le *Mystère de Clovis,* et ailleurs : « M'n-intenchion, m'entente, t'esselle; donne s'aus- mosne de ses mains », etc.

On pourrait multiplier à l'infini ces rapproche- ments. Nous nous en garderons bien. Il suffit de si- gnaler un fait aujourd'hui pour qu'il en soit immédia- ment tiré parti.

Toutefois, nous demanderons aux savants la per- mission de leur adresser une question : la langue française est issue des patois, auxquels le latin donna naissance; les patois sont autant de ponts jetés entre une langue qui finit et une langue qui commence. Cela étant, le patois percheron n'est-il pas celui, ou l'un de ceux, qui ont le plus conribué à la formation de la langue française ?

Deux mots maintenant sur les morceaux de poésie percheronne réunis dans ce volume.

Ils ont été recueillis dans le canton de Tourouvre. C'est dans ce canton que l'idiome percheron s'est le mieux conservé; c'est là que les traditions et légendes se sont gardées le plus intactes.

On n'a pas cru devoir ajouter à ces morceaux les *Scènes* ou *Tableaux percherons* de l'abbé J. Fret, le Molière du Perche. Voici notre excuse : l'abbé J. Fret a reproduit admirablement les mœurs du Perche ; mais il n'en a pas suffisamment respecté l'idiome. L'abbé J. Fret écrivait le percheron en manchettes.

I

SU L'EMPAIREU NAPOULÉON NEIN

—

SUR L'EMPEREUR NAPOLÉON I

SU L'EMPAIREU NAPOULÉON NEIN

—

1.

J' s'ons pâ porquai, tou l'cô m'berdance,
Rin qué d'pinsî z-à nout' emp'reu.
Si jé l'véyomm's, j'crais qu' sa véyance
M' f'riont, sauf respai, fouttî din l' feu.
San p'tit chépiau, so rodingode,
C'ée guér' cossu, — ça n'y-en va qu' miéx.
Ein heumm' comm' l'y, ça s' fout d' la mode...
C'ée nein gaya qui n'ont pâ fraid és z-yéx. (Bis.)

2.

Sû san gran j' va, blinc comm' léessive,
Quan n-y mount', ly, c'ée pou tou d' bon.

2

Faout qu'y gailopp', y faout qu'érive :

An s' flinqu' quoqu' pa dé coups d' cainon.

Dé coups d' cainon ! c'ée pâ peu d' chouse !

Çà grétt' lé jeun's, çà grétt' lé viéx,

La rodingod' guér' mains qu' la blouse...

C'ée nein gaya qui n'ont pâ fraid és z-yéx. (*Bis.*)

3.

Pâ fraid és z-yéx ! v'là c' qu'an réconte :

Ein jou, l'Emp'reu, din nein micma,

Etrap' ein ball' san qué z-yée compte (1)

Tou z-out aq ly s'raint trovi ma.

Mas ly, c'ée pâ nein ray d' la feuve :

« Boun çà ! Boun çà ! dit-y, souriéx,

J' sis intémé ; j' vas fâ piau neuve... »

C'ée nein gaya qui n'ont pâ fraid és z-yéx. (*Bis.*)

4.

Y s' dit itou qu'ou siég' d'ein pléce (2),

(Y n'étaint pas cor empaireu),

Ein caméréd' teumb', y l' rimpléce,

Happ' san fûsi, pis fait l' coup d' feu.

C' caméréd'-là, mô d'ieun coup d' balle,

-Coum' san fûsi, étaint galléx...

Y n'a peû d' rin, meum' pâ d' la galle !

C'ée nein gaya qui n'ont pâ fraid és z-yéx. (*Bis.*)

5.

On fin k'minc'ment, quan n-ej l'âplîmes

A nou g'varnî, c'éta pâ gai.

J'éviomm's tou fouttu bas : lé dîmes,

Guâb' et boun Gueu, z'Euglis's, Curai.

Y trovit l' tou bin pitouiâbe...

San t-êtr' trébin arligionnéx,

Y ristourit l' boun Gueu z-et l' Guâbe (3)...

C'ée nein gaya qui n'ont pâ fraid és z-yéx. (*Bis.*)

6.

Tertous eumaint laissî d' leû graine

Din c' bas monn'-cyt, quan n-an s' n-y-en va.

Emp'reu d' l'Etrich (4), pou l' tirî d' peine,

Bin à proupous tu t' trovis là...

Y dislouquit tout' la fémille,

F'sant san chéz-soé ded leû chéz-iéx.

Magnér' bin droul' d'évai nein' fille !

C'eé nein gaya qui n'ont pâ fraid és z-yéx. (*Bis.*)

7.

Quoqu'y n' sait guér' pu hoût qu' la tâbe,

Y l-ont, din l' monn', tou fa trimbli.

C'ée-ty l' boun Gueu ? C' s'riont putout l' Guâb'e :

Rays, bét's et geins, toû s' soûvaint d' ly.

Milgüieu ! queû gloér ! queul' arnoumée !

D' l'évai cheuz nou j' somm's bin huréx :

L' bout d' san chépiau vaout nein' ermée.

C'ée nein gaya qui n'ont pâ fraid és z-yéx. (*Bis.*)

8.

L' Guâb' m'en-pu (5) ! Non, j'eum' pâ la guére :

J'eum' tro lé geins qui s' pourtaint bin.

Mas quan n-an sait g'varnî s'n-éfére

Comm' ly, ma fint! la guér' c'ée rin;

C'ée nein pléesi... J' sis su qu'en somme

Lé mô, c'ée ceutx qui s' pourtaint l' miéx...

J' bâraint si blincs pou quersî comme!

C'ée tou gayas qui n'ont pâ fraid és z-yéx. (*Bis.*)

SUR L'EMPEREUR NAPOLÉON I

1.

Je ne sais pourquoi, tout le corps me palpite, rien que de penser à notre empereur; si je le voyais, je crois que sa vue me ferait, sauf respect, f..... dans le feu. Son petit chapeau, sa redingote, ce n'est pas précisément cossu, mais cela ne lui en va que mieux. Un homme comme lui, ça se fiche de la mode. C'est un gaillard qui n'a pas froid aux yeux.

2.

Sur son grand cheval, blanc comme une lessive, quand il monte, lui, c'est sérieux. Il faut qu'il galope, il faut qu'il arrive : on se donne quelque part des coups de canon. Des coups de canon, ce n'est pas peu de chose! cela frappe les jeunes, cela frappe les vieux, et la redingote et la blouse... C'est un gaillard qui n'a pas froid aux yeux.

5.

Pas froid aux yeux! Voici ce qu'on raconte : un jour, l'Empereur, dans une bataille, reçoit une balle, au moment où il y comptait le moins. Tout autre que lui se fût trouvé mal. Mais lui, ce n'est pas un roi de la fève. « Très-bien, très-bien, dit-il en souriant; je suis entamé, je ferai peau neuve... » C'est un gaillard qui n'a pas froid aux yeux.

4.

On raconte aussi qu'au siége d'une ville (il n'était pas encore empereur), un camarade tombe; il le remplace, prend son fusil, puis fait le coup de feu. Ce camarade, mort d'une balle, était galeux, ainsi que son fusil... Il n'a peur de rien, pas même de la gale. C'est un gaillard qui n'a pas froid aux yeux.

5.

Tout au commencement, quand nous l'appelâmes à nous gouverner, ce n'était pas brillant. Nous avions tout mis à bas : dîmes, Dieu et Diable, Eglises et Curé. Il trouva tout en fort triste état... Sans être précisément dévot, il restaura le bon Dieu et le Diable. C'est un gaillard qui n'a pas froid aux yeux.

6.

Chacun aime à laisser de sa graine en ce monde, quand on le quitte pour jamais. — Empereur d'Autriche, pour le tirer de peine, bien à propos tu te trouvas là. — Il disloqua toute la famille, faisant son chez-soi de leur chez-eux. Singulière façon d'obtenir une fille!.. C'est un gaillard qui n'a pas froid aux yeux.

7.

Quoiqu'il ne soit guère plus haut que la table, il a dans le monde, tout fait trembler. Est-ce le bon Dieu? Ce serait plutôt le Diable : rois, bêtes et gens, tous se sauvent de lui. Mildieu! quelle gloire! quelle renommée! De l'avoir chez nous, nous sommes fort heureux : le bout de son chapeau vaut une armée. C'est un gaillard qui n'a pas froid aux yeux.

8.

Le-Diable-m'en-pue! Non, je n'aime pas la guerre : j'aime trop les gens qui se portent bien. Mais lorsqu'on sait mener sa barque comme lui, ma foi! la guerre n'est rien; c'est un plaisir..... Je suis sûr qu'en somme les morts sont ceux qui se portent le mieux... Pour mourir ainsi je donnerais six blancs! Ce sont tous gaillards qui n'ont pas froid aux yeux.

II

L' Z-AGUEUX D'EIN PÉESAN DU PEURCHE

A SAN BOURI

LES ADIEUX D'UN PAYSAN DU PERCHE

A SON BOURRI

L' Z-AGUEUX D'EIN PÉESAN DU PEURCHE

A SAN BOURI

—

1.

To v'là mon mo, man paour' bouri!

Queû part' ej fomm's! din tou l' villâge

Gneinn n-évaint point qu' tan biau rémâge,

Bouriqu's et geins, n' fîssaint couri!

Din Bibartré, Tourouv', Rinnrolles (6),

Quan n-y t' véyaint, queû chai t' f'saint-y!

Queû r'gâ d'émou! qué ball's péroles!

Jé n' séviomm's pû c-ment n-en sorti.

2.

Longgny, Nogeint, Mortaign', Belleume (7),

Pertou, Cheurlot, tu t'as fait vê.

Pu d'ein érait bin v'lu t'évê,

Mas parsonn' einn n-étaint à meume.

Lé pu raid's butt's, san n-ein foux pâ,

Tu lé d'vélais; tou sergé d' poéres.

Va, lé ball's chouz's qu'an montr' és.foéres,

Qu'an paye pou vê, ou n' to v'laint pâ.

3.

Heu! qué bouun' bét'! Jémais d' cou d' pié!

Jémais réeti! jémais férouche!

Y n'érait pâ v'lu môdr' eun' mouche;

An l'érait putoût astropié.

Oûssi d' tout's pâ lé deum's v'naint-alles;

O mountaint d'sû; c'éta san fin.

Ly, pourtait tou, le laid's, lé balles (8) :

Il éta bon comm' el boun pain.

4.

Tu m'niont l' dévan o lâ chérue;

Lé j'vaoux t' sieuviont... Tu lé f'sais suai.

O la b'sogn', tai, tu t' s'raint fa tuai;

An n'évait qu' fa dé t' crier : Hue!

Mains goulu qu' tai, z-au su d' chékein,

Là-d'sû, nul cor einn' povait t' batt'e.

Tu tervâillais, milguieu! comm' quatt'e,

Et n' mingiont pâ, milguieu! comm' ein.

5.

Lé bouris, — comm' pertou n-an l' sait —

Ou vent' toujoû z-évaint du vice.

C'ée pâ l' biau d' leux éta d' sarvice

Mas, din c' monn, n-an n'ée poin perfait.

Cheurlot n'étaint pâ d' cé pratiques :

Ann érait pu, l' boun Guiabe éedant (9),

L' foutt' ou biau mitan d' cent bouriques

San qu'y s'ensieuvît d'eccident.

6.

Ein gran jou d' foér', sû la gran rote,

(C'étaint sû l' ta; j' no z-étiomm's bu),

V'là qu'appériont n-ein gas dé r'bu :

« T-n-ergent, qui m' dit, ou j' té dégote. »

— « O mé, Cheurlot ! » — C'en fut n-assé.

Cheurlot s'avol' comm' neun' tempete,

Léessant là man voleu tou béte...

Y n'eut qué l' timps d' nou vê passé.

7.

Mas j' m'égousill' à t' perler là !

Y-a pâ d' dinger à qu' tu m' roponne.

Man pour' bouri, t'ée pû do c' monne !

An n'intend rin d' là z-où to v'là.

La mo, c'ée neun' bin droûl' d'éfére !

O t'a prins, o m' prindra z-itou ;

Y faout qu'o n'ait rin d' miéx à fére.

Faout s' consoulai : chékein san tou.

LES ADIEUX D'UN PAYSAN DU PERCHE

A SON BOURRI

—

1.

Te voilà donc mort, mon pauvre bourri ! Quelle perte nous faisons ! Dans tout le village, il n'y en avait pas que ton beau ra-
mage, bourriques et gens, ne fissent courir. Dans Bubertré, à Tourouvre, à Lignerolles, lorsqu'on te voyait, quel accueil on te faisait !
Quels regards d'envie ! quelles belles paroles ! Je ne savais plus
comment nous tirer de là.

2.

A Longny, à Nogent, à Mortagne, à Bellesme, — partout, Charlot, tu t'es fait voir. Plus d'un aurait bien voulu t'avoir, mais
personne n'en était à même. Les plus raides buttes, sans un
faux pas, tu les descendais, tout chargé de poires. Va, les belles

choses qu'on montre aux foires, et qu'on paie pour voir, ne te valaient pas.

3.

Hélas! quelle bonne bête! Jamais de coups de pieds! jamais rétif! jamais farouche! Il n'aurait pas voulu mordre une mouche : on l'aurait plutôt estropié. Aussi, de toutes parts, les dames accouraient-elles; elles montaient dessus, c'était sans fin. Lui, il portait tout, les laides comme les belles : il était bon comme le bon pain.

4.

Tu menais le devant à la charrue. Les chevaux te suivaient; tu les faisais suer. A la besogne, toi, tu te serais fait périr. On n'avait pas besoin de te crier : Hue! De plus sobre que toi, il n'en était pas; chacun le sait. Tu travaillais comme quatre bêtes et ne mangeais pas comme une.

5.

Les ânes, tout le monde sait cela, ont toujours certain vice au ventre. Ce n'est pas le beau de leurs états de services; mais, dans ce monde, on n'est point parfait. Charlot n'était pas de ces ânes-là. On aurait pu, avec l'aide du bon Diable, le mettre au beau milieu de cent ânesses, sans qu'il s'ensuivît d'accident.

6.

Un grand jour de foire, sur la grande route (c'était sur le tard ; j'avais un peu trop levé le coude), voici qu'un mauvais garnement se présente : « Ton argent, me dit-il, ou je te démonte. » — « A moi, Charlot ! » — Cela suffit. Charlot s'envole comme une tempête, laissant là mon voleur tout stupéfait. Il n'eut que le temps de nous voir passer.

7.

Mais je m'égosille à te parler ici. Il n'y a pas de danger que tu me répondes. Mon pauvre bourri, tu n'es plus de ce monde ! On n'entend rien d'où tu es. La mort, c'est une bien singulière chose ! Elle t'a pris ; elle me prendra aussi. Il faut qu'elle n'ait rien de mieux à faire. Consolons-nous : chacun son tour.

III

OU GAS JAN-FRANÇOAS

A L'AMI JEAN-FRANÇOIS

OU GAS JAN-FRANÇOAS

—

Gâs Jan-Françoâs, t'étaint l' pu béte
Qu'y sait d' Toûrouv' à Bibartré.
Jan-Louis, tan pér', qu'étaint mâdré,
N' tont guér' mis du sian din lâ téte.
La maind' créetur' t' m'naint pa lâ créte;
Tu l'acout's miéx qu' mossieu l' curai,
    Gâs Jean-Françoâs.

Faout-y qu'à çà nein heumm' s'éréte!
Prinds gârd' à tè; l' pu biau poéré
C'ée stil, quoqu' foâs, qu'ée l' pu poâvré (10);
C'ée pâ, crais-m'en, tou lé joù féte,
    Gâs Jean-Françoâs.

GUIALOGUE D'ÉMOU

EIN GAS DU PEURCHE ET UN MONSIEUR

L' GAS DU PEURCHE (*à pa*).

J' sis tou n-affribaûdi : j'évons l'émou din l' vent'e ;
Ein droul' d'évê, bin su, qui n' font poin n-engréesser !
An n' dô né joû né gneu ; l'eu s' frippont, el dous s' rent'e ;
An n' pâtit pâ pu chai, milguieu ! pou terpasser.
Si ça m'niont z-à quoqu' chous' ! mas ouin ! à s' tercasser
An n' gaign' rin, comm' dit c' tout ; bin miéx, n-an pard sa vente.
N'y-avont qu' lé boutentrain qui troviont n-à s' plaicer :
Ein pleûmicheux, toujoû goulant, n'ont rin qui tente.
Faout qué j' mé refaiz', y l' faout ! Faout qu'à pertî d'annui
N'y-ait pû parsonn', neull' pa, parsonn' à mé r'connaît'e ;

Y faout qu'à ma veyance, parsonn' einn dis' : c'ée li.
Seurviteu, j' l'étiomm's tro : j'éllomm's nou monstrai mait'e.
D'espoul' chingeomm's l' fûsî. L'iau chutt', el solai rit :
Si j'évomm's esté best', asteu j'éromm's d' l'esprit.

UN MONSIEUR (*à part*).

Amour! Amour! Amour! O ciel, le mal estrange!
Souffrir, et puis jouir; jouir, et puis souffrir!
Souffrir comme un démon, puis jouir comme un ange,
Telle est l'alternative... Oh! je voudrois mourir!

A tes coups volontiers, ô mort, je viens m'offrir.
Mes nuits sont sans sommeil; le désespoir me mange;
Sous la main de l'ennuy mon cœur se sent flétrir...
L'homme a beau s'agiter : quoy qu'il fasse, il est fange.

Mais que dis-je, insensé? Pourquoy de la douleur
Vouloir toujours sonder l'insondable mystère,
Et ne voir icy bas que torture et que pleur?

Non, non. Le but de l'homme est autre sur la terre :

S'il subit des hyvers, n'a-t-il pas des printemps ?

Rire et larmes ?.. Après la pluye, il fait beau temps.

L' GAS DU PEURCHE.

J'ons inteinnu du brit... P't-êt' l'éeco qui jécasse.

LE MONSIEUR.

Quel est ce bruit ?.. Peut-estre un rameau que l'on casse.

L' GAS DU PEURCHE.

Y-einn a qui m'acoutaint ! D' farceux l' monn' n' chomm' pas.

LE MONSIEUR.

On parle. Dans ces lieux a-t-on suivy mes pas ?

L' GAS DU PEURCHE.

C'ée t-y 'ous qui jâsiont ?

LE MONSIEUR.

Cette voix est la vostre ?

L' GAS DU PEURCHE.

'Ous m'éguétez, c' qué j' crais ?

LE MONSIEUR.

Ma besogne est tout autre.

L' GAS DU PEURCHE.

'Ous v'nez fair' icyt quoé? J' sraint bin és' dé l' sévê.

LE MONSIEUR.

J'erre au hasard. L'Amour.....

L' GAS DU PEURCHE.

J'sons c' qué c'ée qu' d'einn n-évê.

LE MONSIEUR.

L'Amour, cruel enfant, me torture et me ronge;
Il oppresse mon cœur, le tord comme une éponge;
Il chasse de mes yeux le doux repos des nuits...
Hélas! est-il mortel plus accablé d'ennuis?

L' GAS DU PEURCHE.

Méz-itou, çà m'fsaint çà! J'nons d' goût pou pâ grand' chouse.

LE MONSIEUR.

Dieux grands!

L' GAS DU PEURCHE.

Milguieu, faout-y !

LE MONSIEUR.

Ah ! Fleurette !

L' GAS DU PEURCHE.

Euh! ma Rouse!,
Euh! l'biau brin d' fill', mossieu !

LE MONSIEUR.

La belle enfant, mon cher !

L' GAS DU PEURCHE.

C'ée nein cœu san piquié !

LE MONSIEUR.

C'est un roc, c'est du fer !

L' GAS DU PEURCHE.

Ol'a dé bloss's...

LE MONSIEUR.

Ses yeux font le tour de sa teste.

L' GAS DU PEURCHE.

Ol'a d' l'asprit jeusqu'oux...

LE MONSIEUR.

Plus fine n'est pas beste.

L' GAS DU PEURCHE.

Quan n-ou flanqu' ieun coup d' poing, faout la vê, c'ée tépé.

LE MONSIEUR.

Au coin du goût, chacun de sès mots est frappé.

L' GAS DU PEURCHE.

Y faout la vê, l' diminch', quan n-o met l' fond d' l'aumoire.

LE MONSIEUR.

Elle porte à ravir la dentelle et la moire.

L' GAS DU PEURCHE.

V'lez 'ous m'en crair', mossieu ?

LE MONSIEUR.

Je rumine à part moy...

L' GAS DU PEURCHE.

Qu' chékein vol' sa chéekeun'...

LE MONSIEUR.

J'y songeois, par ma foy!

L' GAS DU PEURCHE.

C'ée neun' idè' qui m' v'niont : o n'est p't'ét' pâ mouvaise.

LE MONSIEUR.

Elle est bonne, il me semble.

L' GAS DU PEURCHE.

Y n'est qué d' prind' sé z-aise.

LE MONSIEUR.

Te sens-tu résolu?

L' GAS DU PEURCHE.

J' fromm's tou c' qu' ous f'rez, mossieu.

LE MONSIEUR.

C'est entendu, suys-moy.

L' GAS DU PEURCHE.

Bin; d'vélez d'vant; j'ous sieu.

DIALOGUE D'AMOUR

ENTRE

UN GARÇON DU PERCHE ET UN MONSIEUR

(Traduction du patois)

LE GARÇON DU PERCHE (*à part*).

Je suis tout transi : j'ai l'amour au ventre. Un singulier avoir, qui ne fait point engraisser ! On ne dort ni jour ni nuit. L'œil se fripe; le dos se rentre. On ne souffre pas davantage, mildieu! pour mourir.

Si cela menait à quelque chose ! mais bast! à se tracasser on ne gagne rien, comme dit cet autre. Bien mieux, on perd sa vente. Un pleureur, toujours la larme à l'œil, n'a rien qui affriande.

Il faut que je me refasse; il le faut. Il faut qu'à partir d'aujourd'hui, il n'y ait plus personne, nulle part, qui puisse me reconnaître. Il faut qu'en me voyant personne ne puisse dire : C'est lui.

Serviteur, je l'étais trop. Je vais me montrer maître. D'épaule
changeons le fusil. L'eau tombée, le soleil rit. Si j'ai été bête, do-
rénavant j'aurai de l'esprit.

— J'ai entendu du bruit... Peut-être l'écho qui jacasse?

— Il y en a qui m'écoutent. Le monde ne manque pas de mauvais plaisants.

— Est-ce vous qui parlez?

— Vous m'épiez, je crois?

— Vous venez faire ici quoi? Je serais bien aise de le savoir.

— Je sais ce que c'est que d'en avoir.

— Moi aussi, çà me fait cela. Je n'ai pas de goût à grand'chose.

— Mildieu, faut-il!..

— Hélas! ma Rose! Eh! le beau brin de fille, monsieur!

— C'est un cœur sans pitié.

— Elle a des yeux.

— Elle a de l'esprit jusqu'aux...

— Quand elle donne un coup de poing, il faut la voir. C'est
tapé.

— Il faut la voir, le dimanche, quand elle met le fond de l'ar-
moire.

— Voulez-vous m'en croire, monsieur?

4

— Que chacun vole sa chacune...

— C'est une idée qui me vient ; elle n'est peut-être pas mauvaise.

— Il n'est que de prendre ses aises.

— Je ferai tout ce que vous ferez, monsieur.

— Bien. Descendez devant. Je vous suis.

JAN TRAS

RAY DÉ PEURCH-RONS

—

JEAN TROIS

ROI DES PERCHERONS

JAN TRAS

RAY DES PERCHERONS

—

1.

Y-éviont din l' Peurch', ou timps d'outfoas,

Ein Ray, comm' y n' s'en font pù guére (11).

Ou gran jémais, y n' fit là guére ;

Y s-cotintiont d' rémai sé poas.

Frinc comme ousier, n'eyant rin d' louche,

San r'ga mettiont tou l' monne en train.

Y l-éviont toujou z-à lå bouche

Sa pipe, san veure, et c' biau viéx r'frain :

    Saoutomm's tertous !

    F'somm's bin lé fous !

   Din c' monn' y faout rire,

Bin faî, z-et bin dire.

Boivomm's à p'tits coups ;

Mas boivomm's toujous :

Y rost'ra co d' boun citr' éprès nous.

2.

L' boun citr' du Peurch', euh !. queû mélin (12) !

Rin d' mi-ieu pou s' foutt' en goyette.

L' mi-ieu dé vins, c'ée d' lâ piquette :

Ein pot d' citr' y v'liant trâs pots d' vin.

An l' bait comme an boîvrait d' la creume.

Quan j'ons l' çarviau n-entourteillé,

Ou cul d' la pipe !.. Et j' somm's pû l' meume :

J' prinriomm's la leun' san sorceillé.

Saoutomm's, etc.

3.

Y l'étiont dé c't-avis, l' ray Jan !

Saoutai, dinsai, rir', fâ ripaille,

L' reust' pou ly c' n-étiont rin qui vaille :

Tou vré Peurch'ron n-en pinse oûtan.

L'hivai, l'atai, l' printimps, l's-oûtonnes,

Y l-éta gai din tou lé timps ;

Y séviont s' fà, d'ové sé tonnes,

Oûtan d' sésons, oûtan d' printimps.

Saoutomm's, etc.

4.

N' v'lant pâ véequi n-en anima,

Y l-éliont l' dîminch' à lâ messe.

Tou l's-ans y l-éliont à confesse,

Crayant qu'an n-s'-en pott' pâ pu ma.

Hô d' l-éuglise y r'dov'niont san méet'e ;

L' curai n-yée véyaint pu qu' du feu.

Y n'en v'lait pû fà qu'à sa téete :

L' curai, f'siont-y, n'ée pâ l' boun Gueu (13).

Saoutomm's, etc.

5.

Quan n-y touchit à trint'-trâs ans,

Y l-acoutit la voâ d' néture :

Comm' tou l' monn' y prit créiature

Et comm' tou l' monn' y fit d's-éfans.

Y s' dit qu'y n'ieut jémais d' maitrésses

Et pou sa femm' fut tou z-enqùé.

Faout t'ni, f'siont-y, tout's sé pormésses ;

Meum' o sa femm' faout pâ minqué (14).

    Saoutomm's, etc.

6.

Quoqu'y z-ieût mains d'ergent qué d' sous,

Y pordiguait, — gn'a poin n-à dire.

C'ment qui f'sait mon, pou z-y siffire ?

Parsonn' n' l'ont siu, — né mai, né vous.

Es paur's qui troviont sû sa rote,

Y bâliont tout, sa ch'mis', sé bas.

Y l-éraint bâli sa culotte

Sy n'ieussaint craint d' choqui lé r'gas.

    Saoutomm's, etc.

7.

Mas faout icit chingi d' proupous.

L' ray Jan ée mo, z-et quo qu'an fésse,

D' si toût an r'varra pâ d' sa réce;

Quan y morit, an pardit grous.

Dé rays comm' ly, z-y·n'en chait guére :

L' boun Gueu n' pordigue pâ lé ray Jan...

Tertous disaint, l' fouttant en tére :

L' boun ray, l' ban pére, et l' boun éfan !

      Saoutomm's, etc.

JEAN TROIS

ROI DES PERCHERONS

—.

1.

Au temps d'autrefois, il y avait dans le Perche un roi comme il ne s'en fait plus guère. Au grand jamais, il ne fit la guerre ; il se contentait de ramer ses pois. Franc comme osier, n'ayant rien de louche, sa vue mettait tout le monde en train. Il avait toujours à la bouche sa pipe, son verre et ce joli vieux refrain :

« Sautons tous ! Faisons bien les fous ! Dans ce monde, il faut rire, bien faire et bien dire. Buvons à petits coups, mais buvons toujours. Il restera encore de bon cidre après nous. »

2.

Le bon cidre du Perche, eh ! c'est un malin ! Rien de meilleur pour se mettre en goguette. Le meilleur des vins, c'est de la piquette : un pot de cidre vaut trois pots de vin. On le boit comme on boirait de la crème. Quand j'ai le cerveau embrouillé, vite au cul de la pipe! Et je ne suis plus le même : je prendrais la lune sans sourciller. — « Sautons tous, etc. »

3.

Il était de cet avis, le roi Jean. Sauter, danser, rire, faire ripaille, — le reste, pour lui, n'était rien qui vaille : tout vrai Percheron en pense autant. L'hiver, l'été, le printemps, les automnes, il était gai dans tous les temps. Il savait se faire, avec ses tonnes, autant de printemps que de saisons. — « Sautons, etc. »

4.

Ne voulant pas vivre comme un animal, il allait le dimanche à la messe. Tous les ans, il allait à confesse, trouvant qu'on ne s'en porte pas plus mal. Hors (sorti) de l'Eglise, il redevenait son maître ; le curé n'y voyait plus que du feu. Il n'en voulait plus faire qu'à sa tête : Le curé, disait-il, n'est pas le bon Dieu. — « Sautons, etc. »

5.

Lorsqu'il atteignit trente-trois ans, il écouta la voix de la nature. Comme tout le monde, il prit femme, et comme tout le monde, il fit des enfants. On dit qu'il n'eut jamais de maîtresses et qu'il fut tout entier à sa femme : Il faut, disait-il, tenir toutes ses promesses ; même à sa femme il ne faut pas manquer. — « Sautons, etc. »

6.

Quoiqu'il eût moins d'argent que de cuivre, il prodiguait, c'est le mot. Comment faisait-il pour y suffire ? Personne ne l'a su, ni moi, ni vous. Aux pauvres qu'il trouvait sur son chemin, il donnait tout, sa chemise, ses bas. Il eût donné sa culotte, s'il n'eût craint de blesser les regards. — « Sautons, etc. »

7.

Mais il faut ici changer de propos. Le roi Jean est mort, et, quoi qu'on fasse, de sitôt on ne reverra de sa race. Quand il mourut, on perdit gros. Des rois comme lui, il n'en pleut guère : le bon Dieu ne prodigue pas les rois Jean..... Tous disaient en le portant en terre : Le bon roi, le bon père, et le bon enfant. — « Sautons tous, etc. »

NOTES

—

(1) Nous croyons qu'il est ici fait allusion à la balle morte que reçut Napoléon Ier devant Ratisbonne. L'Empereur, blessé, prononça-t-il les paroles que lui prête l'historien-poëte percheron ? C'est aux historiens de profession de vérifier le fait.

(2) Comme Napoléon Ier gagna la gale au siége de Toulon, et non ailleurs, il faut croire qu'il s'agit dans cette strophe du siége de Toulon, et non d'un autre. Cette strophe est précieuse : on y voit que tous les historiens, sans exception, se sont trompés sur la manière dont le grand homme gagna la gale. Tous prétendent qu'il la conquit en remplaçant à une pièce d'artillerie l'un de ses canonniers qui venait d'être tué. Point du tout. — L'histoire, on doit le confesser, s'est de tout temps écrite avec une grande légèreté.

(5) Par ces mots : « Il restaura le bon Dieu et le diable », l'auteur n'a pas, il nous semble, voulu dire que, par le Concordat du

15 juillet 1801, Napoléon rétablit en même temps le culte de Dieu et le culte du diable. *Inclusio unius est exclusio alterius.* D'ailleurs, le culte du diable n'avait pas besoin d'être rétabli. — Cela signifie vraisemblablement qu'en rétablissant le culte de Dieu, Napoléon avait, du même coup, remis en vigueur la croyance au diable, c'est-à-dire aux châtiments *post mortem*, dont l'Evangile menace les per-.vers.

(4) Dans le Perche, on ne prononce pas *Autriche*, mais *Etriche ;* et par une coïncidence bizarre, *Etriche* signifie *tricherie*. Il suit de là que, dans le patois percheron, l'empereur d'Autriche se trouve l'habileté politique personnifiée.

(5) Affirmation percheronne très-employée.

(6) *Tourouvre*, chef-lieu de canton, dans l'arrondissement de Mortagne (*Orne*). Charmant petit bourg, pittoresquement situé au flanc d'un monticule, à quelques pas de la belle forêt du Perche et de la verrerie de Bellevue. La Grande-Trappe en est distante de deux lieues et demie. — *Bubertré, Lignerolles,* deux communes du canton de Tourouvre.

(7) *Longny,* autre chef-lieu de l'arrondissement de Mortagne. — *Nogent-le-Rotrou,* chef-lieu d'arrondissement dans le département d'Eure-et-Loir. L'Anacréon du XVIe siècle, Remi Belleau, y naquit ;

Sully ne dédaignait pas d'y faire séjour, etc. — *Mortagne*, chef-lieu d'arrondissement, dans le département de l'Orne. Attrayante petite ville ; situation merveilleuse ; environs remarquables. — *Bellesme*, chef-lieu de canton, arrondissement de Mortagne.

On est, en France, affligé d'une manie déplorable : on ne croit pas à la beauté de la France. Le beau, on ne croit le rencontrer qu'en Italie, en Espagne, en Suisse, — là seulement où les verrues et excavations du globe s'appellent autrement que France. On ignore, ou l'on feint d'ignorer, que l'Italie, l'Espagne, la Suisse, etc., ne possèdent rien que la France ne possède. — La France est le résumé du globe. Le résumé de la France, c'est le Perche. — Humble avis aux touristes !

(8) Les ânes de Montmorency sont plus difficiles.

(9) Dans le Perche, on ne connaît qu'un diable qui soit bon. — Le plus méchant est le diable vert, ou *guâbe vai*. — On n'a pu nous dire la couleur du bon diable.

(10) On pourrait supposer, par ce vers, que le poiré du Perche reçoit parfois une addition de poivre intempestive. Il n'en est rien. On ne fait, dans le Perche, boire à ses convives du *poiré poivré* que dans les grandes circonstances, c'est-à-dire lorsqu'on veut rire et se faire-rire homériquement. Le besoin de se faire rire ainsi s'é-

prouve rarement dans le Perche. Aussi, le *poiré poivré* est-il rare.

(11) Dans l'histoire du Perche, nous avons vainement cherché trace de rois percherons; nous n'avons découvert que des comtes. Ceci prouve, une fois de plus, combien l'histoire est mal faite, si mal faite, qu'elle est à refaire.

(12) Il est positif que, dans le Perche, le cidre se fabrique avec une habileté consommée. Matières premières de qualité supérieure.

(13) Le Percheron a des sentiments religieux très-accentués. On pourrait presque dire de lui qu'il aime toujours Dieu, mais pas toujours son curé.

(14) L'infidélité conjugale est rare dans le Perche. Sur trente *ménages à coups de trique,* il y en a vingt-neuf dont l'un des membres n'est pas né percheron; c'est un étranger percheronisé par le chemin de fer, s. g. d. g.

FIN

TABLE DES MATIÈRES

—

www.ingramcontent.com/pod-product-compliance
Lightning Source LLC
LaVergne TN
LVHW022021080426
835513LV00009B/829